慧思融心

——中学生必上的十节心理团体辅导课

主　编　周晓阳　刘　雁
编　者　周　静　张　弘

苏州大学出版社

图书在版编目(CIP)数据

慧思融心:中学生必上的十节心理团体辅导课/周晓阳,刘雁主编. —苏州:苏州大学出版社,2018.12
ISBN 978-7-5672-2698-2

Ⅰ.①慧… Ⅱ.①周… ②刘… Ⅲ.①中学生–心理辅导 Ⅳ.①G444

中国版本图书馆 CIP 数据核字(2018)第 273551 号

慧 思 融 心
——中学生必上的十节心理团体辅导课
周晓阳 刘 雁 主编
责任编辑 周建兰

苏州大学出版社出版发行
(地址:苏州市十梓街1号 邮编:215006)
镇江文苑制版印刷有限责任公司印装
(地址:镇江市黄山南路18号润州花园6-1号 邮编:212000)

开本 700 mm×1 000 mm 1/16 印张 4.25 字数 70 千
2018 年 12 月第 1 版 2018 年 12 月第 1 次印刷
ISBN 978-7-5672-2698-2 定价:18.00 元

苏州大学版图书若有印装错误,本社负责调换
苏州大学出版社营销部 电话:0512-67481020
苏州大学出版社网址 http://www.sudapress.com

前 言

世界卫生组织给健康下的定义为:"健康不仅是没有疾病或不虚弱,而是一种身体上、精神上和社会适应上的完好状态。"从世界卫生组织对健康下的定义中可以看出,健康包含三个基本要素:躯体健康、心理健康、具有社会适应能力。具有社会适应能力是国际上公认的心理健康首要标准,因而可以说,全面健康包括躯体健康和心理健康两大部分,两者密切相关,缺一不可,无法分割。

何为心理健康呢?心理健康是指一种持续且积极发展的心理状态,在这种状态下,主体能做出良好的适应,并且充分发挥其身心潜能。中学生正处于身心发展的重要时期,随着生理、心理的发育和发展,社会阅历的扩展及思维方式的变化,特别是面对社会竞争的压力,他们在学习、生活、自我意识、情绪调适、人际交往和升学就业等方面会遇到各种各样的心理困扰或问题。因此,中学生心理健康教育的开展,不仅能提高他们的心理素质,促进其身心健康和谐发展,更是全面推进素质教育的必然要求。

心理辅导课不同于学科辅导,要体现"教师为主导,学生为主体",充分发挥学生的主观能动性。为了更好地将心理健康教育落到实处,心理教研组全体心理辅导员锐意进取,将以往心理团辅课的教案进行整理和修改,精心挑选了十节高中生必上的心理课，形成了心理健康教育校本教材。经过几年心理健康课程的探索，发现最受学生喜欢的辅导方式是"热身—创设情境—小组讨论—体验分享—总结提升—课后强化"的教学模式。

由于时间紧迫，编者们水平有限，本教材还存在着许多不足，请广大读者批评指正，提出宝贵意见，以便进一步修改。

目 录

第一章 认知 情绪 意志 ………… 1

认识自我 悦纳自我 ………… 2
情绪的自我调节 ………… 6
在挫折中奋起 ………… 9

第二章 人际关系 ………… 17

我想更懂你 ………… 18
学会与父母沟通 ………… 22
阳光心态 青春同行 ………… 25

第三章 学习 考试 ………… 33

保持学习动力 ………… 34
做时间的主人 ………… 40
给心灵减压 ………… 46

第四章 生涯规划 ………… 53

我的未来我做主 ………… 54

附录 团体心理辅导课程简介 ………… 60

第一章

认知 情绪 意志

认识自我 悦纳自我

◉ 辅导目标

• 让学生了解"自我标签"的种类、形成原因和危害,引导学生正确认识自我。

• 指导学生逐步消除"自我标签"的消极影响,消除学生的自卑心理。

• 让学生学会在日常生活中培养自信心的方法。

◉ 教学准备

PPT、空纸盒、信纸、故事。

◉ 活动过程

1. 导入游戏:猜猜我是谁(6min)

【活动规则】 请每位同学在纸条上写出10条"我是一个……的人"(要求写出自己的独特之处、优点或缺点,不记名)。请各组组长将纸条收上来并投入空纸盒中,每组派一名代表上台随机抽取一张纸条交给教师,教师念出纸条上所写内容,然后让其他同学猜一猜,这张纸条由哪位同学所写。(教师在念纸条时要去掉那些没有显著特征的纸条。)

2. 认识自我标签(10min)

同学们刚刚在纸条上写出了自己的各种特征,下面找一找藏在纸条里的秘密——"自我标签"。先示范:我是一个自卑的人——我很自卑。(教师读出一条,让学生找一条。要求同学们说得快。)

想想自己身上贴得最牢的自我标签是什么?

(1)积极的自我标签:"我自信""我勇敢""我积极进取"等。

(2)消极的自我标签:"我自卑""我胆小""我害羞""我不行"等。

经常听到同学们说，"我胆子太小，我不行""我不善于言谈""我很容易紧张""我过于谨慎""我太粗心""我多愁善感"……这些自我否定的、贬义的描述性词语，就像标签一样贴在身上，如果使用不当或过度地使用，则会给我们带来损害，阻碍个人的身心发展。

课件展示——"爱画画的中学生的故事"：中学生小A很爱画画，某天教师说他缺少画画的天赋，从此他失去信心，放弃了画画的梦想。别人问他为什么，他说："我画得不好。"后来再有人问他，他就说："我向来就画不好。"

【分享】 你有过类似经历吗？请同学们踊跃发言。若无人分享，教师可以自我披露（小时候我很爱唱歌，有一天妈妈说了一句：你唱得走调了，一点也不好听。从此以后我再也不唱歌了，总觉得自己没有音乐细胞。其实小时候音乐课唱歌考试我还得过优呢！）。

【小结】 消极自我标签害人不浅，我们要设法抛弃它、撕掉它。

3. 撕掉消极自我标签有招（15min）

教师先示范："我是一个很一般的人——其实每个人都是平凡的，平凡的我可以有自己独特的生活方式，让自己做一个快乐的人！"同学们，你们领会了吗？

【活动规则】 模仿"幸运52"——撕标签比赛（将学生分为四个大组，要求每组对所抽的标签给出多种撕的方案）。各组比一比，看谁的方法最多最好。教师出示四块牌子：生理、心理、学术、特长。让组长选题（翻牌）。若翻到生理牌就给"生理标签"——我长得不够漂亮/不够帅（让组长把标签上的内容念一下，然后带回小组讨论），其他依次类推。接下来分组撕消极标签（要求每组记录好主要观点）。最后由教师主持评优胜：哪个组最有说服力，哪个组观点最丰富等。

【分享】

A. 我长得不够漂亮／不够帅。（生理标签）

学生观点：我虽不漂亮但我可爱又大方；我不帅但我有个性；外表的美只是暂时的，心灵的美才是永恒的……

B. 我某门功课不行。（学术标签）

学生观点：遇到偏科的现象，要分析原因；一时的学不好不代表我以后学不好……

C. 我没有音乐、体育、艺术等细胞。（特长标签）

学生观点：我做事认真，工作负责……这些都是我的优点；兴趣是可以培养的，通过勤奋练习和不断尝试，弱项很可能变成我的强项……

D. 我害羞、我胆小。（心理标签）

学生观点：平时多抓住机会锻炼自己，就可以让自己变得胆大些；主动参加学校或班级的活动……

【小结】

学生：原来我们没有那么差，我们的自卑是由消极自我标签造成的，撕掉标签可以增强自信心……

教师：同学们说得很对，我们并没有那么差，我们不自信时，很可能是消极标签在作怪。撕掉消极标签是我们战胜自卑、增强自信的有效手段。以后被他人或自己贴上消极标签时，该怎么办？（学生：撕掉它！）同学们说得很好，还有一招要与大家分享，就是多给他人和自己贴积极标签！

4. **贴上积极自我标签有术**（7min）

【活动规则】 给他人贴积极标签：同桌对贴（3min内完成三个，要准确、符合实际情况）。让几对同桌起来发言（一方说所贴标签，被贴的一方发表感想，同时适时地奖励贴得好的同学）。

给自己贴积极标签，要求：针对自己的弱点贴（如思维速度不快，可贴"我的思维很有深度"）；符合客观实际；尽可能多贴些。

【分享】 每人选择一个最利于战胜自卑的积极标签，并谈谈感受。

5. **战胜消极自我标签拓展**（5min）

【活动规则】 做"交叉手指"的游戏，请同学们将手掌张开，十指交叉合起来，连做三次。看看自己是左手的拇指在上还是右手的拇指在上。然后请同学们用与自己习惯相反的方式交叉双手，大家有何感觉？不断重复21次，有何感觉？

【分享】

结论一：人的行为是按习惯行事的，消极自我标签也是你过去经历的产物。

结论二：改变习惯是一个不舒服的过程。通过做游戏发现，要改变一个如此小的习惯动作，我们都感到困难。若要消除消极自我标签，培养自信，则会遇到更多的困难，需要我们长期努力，才能达到目的。

结论三：习惯是可以改变的，只要不断重复；消极标签也是可以被消除的，只要经常给自己贴积极标签。

6. 布置作业（2min）

今天和大家一起探讨了如何对待各类自我标签、重新认识自我和完善自我的问题，希望同学们在平时多用今天学到的方法，正确认识自我和不断完善自我。

链接1："滋补处方"

（1）尽可能不用贬义的自我描述，代之以鼓励性的话语，如"我过去曾经认为自己不行……"代之以"看来也不一定都是这样，让我来试一试……"。

（2）多使用积极的自我描述，如"我语文学得好""我数学最近学得比较轻松"。

（3）坚持写日记，将自己一周内使用挫败性语言的时间、地点、场合记下来。制订改变的计划，并在今后记录计划实施后的结果，及时给予强化。

（4）每当发现自己又说否定自己的话时，大声告诫自己，不要说"我就是这样"，而说"我曾经这样"；不要说"我不行"，而说"只要我现在努力，将来是可以办到的"。

（5）所有消极的自我标签，都是害怕失败、回避尝试的结果。因此，应该勇敢地找一些自己以前不愿干的、不会干的、不敢干的事情，花一些时间认真做一做。让自己完全投入崭新的活动，品尝挑战生活、挑战自我所带来的充实和快乐。

链接2：自信＝认识自我＋悦纳自我＋相信自我

自信不是一时的，而是稳定的；自信不是盲目的，而是理性的！自信不会受他人和外界环境的影响，而是来自内心深处的坚定力量！

自信，首先要认识自己，了解自己的优缺点，客观地评价自己；其次，要悦纳自己，接纳自己的缺点和不足，改变能改变的，接受不能改变的，尽量地完善自己，并发自内心地喜欢自己；最后要相信自己，坚信自己是独一无二的,坚信"天生我材必有用"!如果你自己都不相信自己,试想,别人又怎么会相信你呢?

情绪的自我调节

◎ 辅导目标

• 让学生懂得产生不同情绪的真正原因不是外界的刺激,而是自己的想法。

• 让学生学会换一种角度看问题,用积极的想法代替消极的想法,学会自我调节情绪。

◎ 教学准备

PPT、白纸、音乐视频。

◎ 活动过程

1. 导入情景剧(8min)

心理短剧"下雨"。

时间:课间操时间。

地点:教室走廊。

天气:蒙蒙细雨。

剧情:天空飘着细雨,学生甲出场,抬头看看天空,边走边叹气:"唉!又下雨,真讨厌,湿漉漉的,想到操场走走都不能。"学生乙出场,迈着轻松愉快的步伐,哼着小曲,从甲身边走过,看到甲垂头丧气的,就问:"你怎么啦?""嗨,下雨,讨厌!""哦,就为这啊!我觉得下雨多美,多诗意啊!"于是即兴吟诵道:"好雨知时节,当春乃发生,随风潜入夜,润物细无声。"然后手挽着甲说:"咱们到操场散散步。"下场。

【分享】

(1) 谈观后感。

(2) "你也有甲那样的不快乐的时候吗?"请同学们在纸上写下几件不快乐的事。

(3) 是什么让他们产生不同的情绪感受?我们开心快乐的钥匙在哪儿?

2. **寻找快乐的钥匙**(15min)

(1) 撕纸游戏。

【活动规则】 给每位同学下发一张同样大小的纸,要求每位同学闭上眼睛按教师的指令操作,并且在完成指令的过程中不互相交流,不提出任何问题。游戏开始,教师发布指令:请把手中的纸对折,再对折,又对折,把右上角撕下来,转180°,把左上角也撕下来。然后睁开眼睛,把纸打开并展示。学生按教师指令操作。

游戏结果:比较同学所撕出的图形之间的区别,发现所撕图形的差异很大。

【分享】 为什么同样的程序,同样的引导词,不同的人撕出来的纸形状迥异?

(2) 讲解"ABC理论"。

人的情绪和行为不是由某一诱发性事件本身引起的,而是由经历了这一事件的人对这一事件的解释和评价、观念和看法引起的。因此,要学会转变观念、转换角度看问题。(结合心理剧、撕纸游戏。)

3. **从自身寻找快乐的钥匙**(15min)

【活动规则】 同组八人互相帮助,对前面写出来的不快乐的事件进行分析,把消极的想法转换为积极的想法。认真思考他人给出的积极想法,圈出自己赞同的观点。

【分享】 对一件事,导致你情绪低落的消极想法是什么?你赞同同学给你的哪些积极想法?你今天的收获是什么?

4. **欣赏音乐视频《快乐拍手歌》** (5min)

如果你想快乐你就拍拍手

如果你想快乐你就点点头
如果你想快乐你就大声唱
跟着我的脚步一起往前走
生活太累　梦想太贵
我们情绪偶尔也会不对
人生从来就不会完美
何必让郁闷跟快乐作对
…………

5. 布置作业（2min）

在今后的学习和生活中，若头脑中出现消极的想法，尝试换一角度思考问题，改变自己的消极情绪，始终保持积极乐观的态度面对生活中遇到的各种困难。

链接1： 两可图形

花瓶与人脸

恶魔与天使

青蛙与马

老妇与少女

第一章 认知 情绪 意志

▶ **链接2: 情绪 ABC 理论**

情绪 ABC 理论是由美国心理学家埃利斯创建的,他认为激发事件 A(activating event 的第一个英文字母)只是引发情绪和行为后果 C(consequence 的第一个英文字母)的间接原因,而引起 C 的直接原因则是个体对激发事件 A 的认知和评价而产生的信念 B(belief 的第一个英文字母),即人的消极情绪和行为障碍结果(C),不是由于某一激发事件(A)直接引发的,而是由经受这一事件的个体对它不正确的认知和评价所产生的错误信念 B 所直接引起的。错误信念也称为非理性信念。

在右图中,A(antecedent)指事情的前因,C(consequence)指事情的后果,有前因必有后果,但是有同样的前因 A,产生了不一样的后果 C_1 和 C_2。这是因为从前因到后果之间,一定会越过一座桥梁 B(bridge),这座桥梁

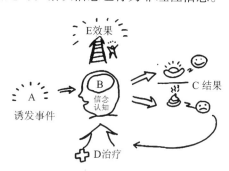

就是信念和我们对情境的评价与解释。又因为同一情境之下(A),不同的人的理念以及评价与解释不同(B_1 和 B_2),所以会得到不同的结果(C_1 和 C_2)。因此,事情发生的一切根源在于我们的信念(信念是指人们对事件的想法、解释和评价等)。

在挫折中奋起

◯ **辅导目标**

- 帮助学生了解到人生道路上挫折是在所难免的。
- 促进学生自我意识的觉醒,让学生树立信心,能正确对待挫折,增强抗挫折的能力。
- 帮助学生树立正确的人生观和世界观,掌握战胜挫折的方法,增强心理弹性。

教学准备

PPT、音乐。

活动过程

1. 导入音乐（5min）

播放贝多芬《命运交响曲》

【提问】这是谁的作品？曲名是什么？有谁了解贝多芬？

贝多芬17岁那年，母亲去世了，沉重的家庭负担从此压在他的身上。当他32岁时，耳病越来越严重。几年后耳病终于夺走了他的听力。对一个音乐家来说，这是多大的打击啊！但贝多芬不消沉、不气馁，不断地鼓励自己，始终顽强地生活和创作。他在给朋友的一封信中这样写道："我要扼住命运的咽喉，它妄想使我屈服，这绝对办不到——生活是这样美好，活它一辈子吧！"

生活中谁都会遇到不顺心的事情，有的同学遇到一点挫折就意志消沉，抬不起头来。今天，我们就通过"在挫折中奋起"这个课题，一起来学习如何应对生活中和学习上的挫折。

2. 认识挫折（8min）

在生活中，我们常常祝愿亲人和朋友一帆风顺、万事如意等，其实祝福只是人们良好的愿望而已。现实生活中，每一个人的生活道路不可能是一条平坦的康庄大道，总是布满坎坷与荆棘。当挫折到来时，不同的人会有不同的反应。

【案例分析】

案例一： 高一女生芳芳因在学校谈恋爱，学习成绩下降，家长得知后加以管束，但芳芳不听劝。后芳芳与男友产生矛盾，遭到男友抛弃，而此时芳芳发现自己怀孕了，羞愧不已，从学校的三楼跳了下去，经抢救无效死亡。

案例二： 13岁的高某以优异的成绩考入清华留美预备学校，学校用英语授课，因其除英语外的其他功课都特别突出，学校特准他一入学就跳了一级。但他英语基础薄弱，无法正常听课。少年高某遇到了人生中第一次较大的考验，可以说这是他遭受的第一次挫折。但高某没有退缩，没有等待，没有犹豫，经过半年的努力，他竟然获得了英语优等奖章，并自学了法语和德语。

【思考】 两个故事中的人物都面临着挫折，一个克服挫折，成为人群中的佼佼者，而另一个却为此失去了生命。为什么会导致这样的结果呢？

【小结】 这是因为他们对待挫折的态度不同，决定了他们应付挫折的方法也不一样。

挫折是一把双刃剑，正如巴尔扎克所言："挫折就像一块石头，对弱者来说是绊脚石，使你停步不前；对强者来说却是垫脚石，它会让你站得更高。"挫折让我们更坚强，更有斗志，因此，挫折也是美丽的！

【分享】 回忆过去的日子，想想曾经的你：悲伤抑或快乐，自卑抑或自信，犹豫退缩抑或毅然前进……你有什么想与大家分享的故事？让学生说出曾经历过的印象最深的一次挫折，并谈谈自己是怎样应付的。（教师对学生所提到的方法进行归类。）

3. **如何应对挫折**（15min）

【思考】 既然挫折是不可避免的，那么当你遇到挫折或者不幸的时候，你该怎么办？谈谈我们应怎样正视挫折，应树立什么态度。

正视挫折：我们需要乐观、积极的心态，自信、勤奋、坚强的品质，坚韧不拔、不屈不挠的意志。

【活动1】 看图片，想一想：这两幅图给我什么启示？

应对方法1：换个角度看问题，"塞翁失马，焉知非福"。

【活动2】 坐地起身游戏：先让一个同学坐在地上，背着手，依靠自己的力量从地上站起来；叫一个同学帮忙，两个同学一组，坐在地上，背对着背，胳膊挽着胳膊，依靠相互支撑的力量站起来；四个人一起坐在地上，同心协力站起来。

应对方法2："三个臭皮匠，抵个诸葛亮"。一个人的力量是薄弱的，在挫折面前是渺小的，当形成一个整体时，则获得成功不是一件很困难的事。在人生道路上面临挫折时，我们不是孤单前行，我们需要亲人的关心、朋友的帮助，这样的我们才不至于在挫折面前不堪一击。

4. 善待挫折（10min）

（1）归纳战胜挫折的方法。

由上面的讨论可知，同样的挫折，不同的人、不同的心态往往会有不同的结果。那么，遇到了挫折后我们需要怎样的心态呢？应该采用哪些方法对待呢？

态度：① 自信乐观；② 坚韧不拔。

应对方法：① 换个角度看问题；② 合理宣泄；③ 转移注意；④ 团结合作。

（2）情景练习。

高三学生小刚一贯学习成绩优秀，在班上名列前茅，但在最近一段时间的测试中成绩非常不理想，下滑趋势非常明显，他非常苦恼："我已经非常努力地去复习了，但结果令我非常失望，这是怎么回事啊！"眼看日子一天一天地过去，高考迫在眉睫，面对如今的状况，小刚十分担忧。

【讨论】 如果你是小刚，你会怎么应付？

【小结】 挫折是人生的一笔财富，从某种程度来说，它是我们事业成功的基石。经历挫折，可以磨炼我们的意志，可以促使我们去学习更多的知识，迎接更大的挑战。

5. 欣赏歌曲《阳光总在风雨后》（5min）

请同学们欣赏歌曲《阳光总在风雨后》，并感悟歌词中对待挫折的态度。

结束语：同学们，在人生的道路上，挫折是难免的，它是一把双刃剑，只有那些勇于面对挫折、不畏艰难、凭坚强的毅力拼搏的人，才有希望走向成功。所谓"宝剑锋从磨砺出，梅花香自苦寒来"，希望你们在人生这条道路上，能够像阳光一样，经受风雨的洗礼后依然那么灿烂耀眼。

6. 布置作业（2min）

通过这节课，重新正视自己遇到的挫折，给自己写一段鼓励的话，勇敢前行。

链接1: 战胜挫折的锦囊妙计

1. 接受现实

面对生活中的不顺心、不如意,如果我们只是一味地抱怨,自暴自弃,破罐子破摔,那只会让我们的生活越来越不顺心、越来越不如意,因为抱怨不能解决任何问题。当我们面对无法改变的现实时,与其一味地抱怨,还不如接受现实。

2. 合理宣泄

面对挫折,有人惆怅,有人犹豫,此时不妨找一两个亲近的人、理解你的人,把心里的话倾诉出来,或到没人的地方大声喊出来。从心理健康角度而言,宣泄可以消除精神压力,减轻精神疲劳。

3. 调整视角

不要抱怨我们得到的太少,换个角度我们会发现,其实我们已经拥有了很多,只是没有发现而已。

4. 自我安慰

学会幽默,自我解嘲,进行自我安慰。当遭受挫折时,不妨采用"酸葡萄心理""失败是成功之母""有失有得"等来调节一下失衡的心理。

5. 寻找心理支持

当我们遭受挫折、不知所措、凭个人能力无法解决问题时,不妨寻求心理支持,求助于教师或心理咨询机构,这会让你从"山重水复疑无路"的困境中步入"柳暗花明又一村"的境界。

链接2: 尼克·胡哲简介

尼克·胡哲出生时罹患海豹肢症,天生没有四肢,曾经三次尝试自杀。10岁那年,他第一次意识到"人要为自己的快乐负责"。

他是澳大利亚第一批进入主流学校的残障儿童,也是高中第一位竞选学生会主席的残障者,并获压倒性胜利,被当地报纸封为"勇气主席"。

他是第一位登上《冲浪客》杂志封面的"菜鸟"冲浪客,在夏威

夷与海龟游泳,在哥伦比亚潜水;踢足球、溜滑板、打高尔夫球样样行。

他16岁第一次在12个人参加的小型聚会中跟同学分享自己的故事,感动的口碑就从这12个人开始。

在决定以"激励他人"为生命目标后,他创设"没有四肢的人生"非营利组织,开展各种创意行善活动,至今已在五大洲超过25个国家和地区举办1500多场演讲,给予(接受)数百万个拥抱,自称为"拥抱机器"。

他获各国、各界领袖接见,在国会发表演说,常常在各国最大场地如体育馆、斗牛场、表演厅演讲,他还不断造访教会、学校、垃圾城、贫民窟、勒戒中心、监狱和红灯区。

他到处散播希望与爱,深受教师及家长赞誉。

21岁大学毕业后,他取得会计及财务规划双学位,熟稔投资,并拥有自己的公司。他在2005年被提名为澳洲年度青年楷模。发行过两张畅销全球的DVD,写了一本书,为他量身打造的电影《蝴蝶马戏团》则在2009年获"门柱影片计划"最大奖。

▶ 链接3: 书籍推荐——《人生不设限》

《人生不设限》编辑推荐:他一出生就没有四肢,跌倒再跌倒,一直被人嘲笑。经历无数挫折与漫长黑暗,从失望到绝望再到充满希望,从一无所有到一无所缺。他要告诉你什么叫永不放弃的精神,以及在人生的旅程中如何做一个强者。我相信没有什么比尼克·胡哲的故事更能带给你希望!

序言:我真是幸福得不像话

尼克·胡哲

我叫尼克·胡哲,今年28岁。我一生下来就没有四肢,不过,我可没有被这个状况限制住。我在世界各地旅行,鼓励了上百万人以信

第一章 认知 情绪 意志

心、希望、爱和勇气克服逆境，追求自己的梦想。我在这本书里将和大家分享我如何面对难关与障碍，其中有些是我个人的独特经验，但大部分则是我们每个人都会经历的。我写这本书是为了鼓励你面对挑战与困难，好让你找到自己生命的目的，走向好得不像话的人生。

艰苦难熬的时光和困境会引发自我怀疑和绝望，这点我非常了解。我们常常觉得人生真不公平，最后我终于弄懂了，而且我的经验可以帮助你了解到，每个人所经历的苦难，大部分都提供了机会，让我们探索人生目的，并以珍贵的天赋嘉惠他人。

我的父母是虔诚的基督徒，不过，看到我出生时那没手没脚的模样，他们也不禁怀疑上帝到底在想什么。一开始，他们认为我不可能过正常生活，我的人生毫无希望、没有未来。

然而，今天我过着完全超乎想象的生活。每天都有不认识的人透过电话、E-mail 和推特跟我联络；在机场、饭店和餐厅里，人们走向我、拥抱我，说我以某种方式感动了他们。我真是个幸福的人，这些年来，我真是幸福得不像话。

我和家人没有预见到的是，我身体上的障碍——我的"负担"，也可以成为祝福，给了我独一无二的机会去帮助他人，理解他们的痛苦，同情他们的遭遇，并带给他们安慰。没错，我是面临一些不寻常的挑战，但同时我也受到祝福，拥有可爱的家庭、敏锐的心智以及深刻恒久的信仰。在这本书里，我会坦率地让你知道，其实是在经历一些可怕的时光后，我的信仰和人生目标意识才逐渐变得坚定。

你知道的，当我进入令人无所适从的尴尬青春期时，我对自己的处境感到绝望，觉得自己永远也不可能"正常"。很明显地，我的身体跟同学们的不一样，当我努力尝试各种别人做来稀松平常的活动，如游泳、滑板时，我只会愈来愈明白一件事：有些事我就是做不来。

而有些残忍的孩子叫我"怪物"和"外星人"，更让情况雪上加霜。我当然只是个普通人，只想和别人一样，但机会似乎很渺茫。我想要被人接受，但觉得没人肯接受我；我想要融入人群，但好像没办法。

我撞墙了，觉得很沮丧，被负面的想法彻底淹没。我的心很痛，即使被家人和朋友包围，还是觉得孤单。我担心自己会成为我所爱的人永远的包袱，觉得十分绝望，找不到一丁点人生的意义。

我觉得很痛苦，但我真是大错特错。我在当时那些灰暗的日子所不知道的事，竟然可以成为一本书，就是你现在手上拿的这一本。接下来在本书中，我将提供在艰巨的试炼和痛彻心扉的磨难中找到希望的方法。在苦难的另一边，有一条不同的路，会让你更坚强、更坚定，让你找到自己想要的人生。我会点出那条路。

如果你有渴望与热情去做某件事，而这件事出自上帝的意旨，那么你一定会成功。这句话真是强而有力，不过老实说，我自己也不太相信就是了。或许你曾在网络上看过我的访问，那些闪耀着快乐幸福的影像是我人生各种经历的结果，但一开始的我并非如此，一路走来，我学到了几项重要特质。要想过一个不设限的人生，我认为需要：

强烈意识到生命的目的

不可磨灭的希望

喜爱并接纳自己本来的样子

态度决定高度

勇敢的精神

愿意改变

愿意信任的心

渴望机会

有评估风险与笑看人生的能耐

有服侍他人的使命

这本书的每一章会提到上述的一项特质，我希望我的说明能帮助你在自己的生命旅程中运用这些特质，活出丰富且有意义的人生。

如果你每天都过得很挣扎，请记住，在我的苦难背后有个远超乎我想象的人生目的在等着我。

你或许会碰到艰难的时光，或许会倒下，然后觉得自己没有力量站起来。我懂那种感觉。我们都会碰上那样的状况，生命不会一直轻松愉快，但是当我们克服困难，我们就会变得更强壮，也会对于能有那样的机会更感恩。真正重要的是，你一路上接触的人，以及你如何走完你的旅程。

我爱我的生命，如同我爱你的。我们一起努力，可能性就会大大增加。所以你觉得呢？我们要不要试试看，伙伴？

第二章

人际关系

我想更懂你

辅导目标

- 让学生体验到沟通的必要性，认识到双向沟通是人际交往的最基本原则。
- 让学生体会到倾听的重要性，知道认真倾听的注意事项，掌握倾听的艺术。
- 激发学生在人际交往中的同理心，能设身处地地理解对方的感受和行为。

教学准备

PPT、样图、故事。

活动过程

1. **活动一：我说你画**（12min）

【活动规则】 请1名同学担任"传达者"。第一轮："传达者"看样图，指导"倾听者"画出样图上的图形，"倾听者"不可提问。第二轮："传达者"重新指导"倾听者"画出样图上的图形，"倾听者"随时提问。

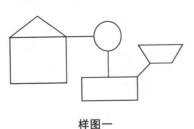

样图一

【分享】 根据"倾听者"所画的图形，"传达者"和"倾听者"谈谈自己的感受，并比较两轮过程与结果的差异。

【小结】 两次画图过程的区别就在于倾听者是否有提问，也就是传达者能否得到倾听者对指令的反馈意见。对于每一位倾听者而言，虽然传达者对图形的言语描述是一样的，但是我们每个人对传达者言语表达的理解是不一样的，第一轮属于一方说一方听，没有反馈的单向沟通，因而会出现不一致的图形；而在第二轮画图过程中，传达者给出指令后，倾听者能够提问，及时反馈疑问，传达者进一步说明，直到倾听者准确理解了传达者的指令，这是一个信息交流的双向沟通过程，因而最后所画出的图形大多与样图类似。在实际生活中，发生在我们身边的事，可能要比画图活动复杂得多，要消除误会，必须不断地互相沟通。相互理解是人际交往的基本前提，我们需要准确地明白彼此的意思，这样我们的交往才会更加顺利。

2. *活动二：鸡同鸭讲*（15min）

【**活动规则**】 双向交流是人际交往中最基本的原则之一，要想沟通更顺畅、更有效，我们还需做什么呢？

我们请一位语言表达能力不错的同学给大家讲一则小故事。（提前几分钟将故事材料交给这位同学，让他先准备一下，当他站在讲台上讲故事的时候，屏幕上显示其他同学的任务。）

● 说故事人的任务。这则故事是本节课很重要的素材，需要每一位同学都认真听完故事，大家才能完成接下来的活动。在说故事中间需要提问1~2个同学。

● 同学们的任务。可以表现出不认真听、心不在焉的样子，可以东张西望，可以收拾课桌或做其他动作；还可以议论他讲的话，甚至可以打断他的话，突然转到其他话题。同学们做这些事的时候要自然一些，不要让对方觉察到你是故意这么做的。

【**分享**】 当他们没有认真听你讲话的时候，你有什么样的感觉？在与人交流过程中，是否曾经有过自己说别人不听或自己的说话被别人打断的经历？能描述一下那是在怎样的情形下发生的吗？当时你有怎样的感受？

前后排6人为一小组，给大家3分钟时间讨论：在和别人交流过程中，你希望得到怎样的倾听？你认为怎样做才是一个合格的倾听者？

【**小结**】 当自己讲话时，若对方表现出不认真听的言行举止，我们会感到不舒服，认为对方不尊重我们。倾听不仅可以让我们获得信息，还表达了对说话者的尊重。

3. *活动三：谁知我心*（13min）

【**活动规则**】 人际交往过程中，倾听很重要，同学们分享了倾听时需要注意的事项，下面三人一小组来体验下倾听。三人一组（左边同学为 A，中间同学为 B，右边同学为 C），分别默读屏幕信息，严格执行任务。A：听 B 同学说，对他的观点表示赞同，向他表达出对他的情绪或行为的理解。B：回想近期发生的一件事，和身边的两个同学聊两分钟。C：听 B 同学说，不管他说什么都持反对意见，对他的情绪或行为表示不屑，或者说些毫不相干的事情。

【分享】 前后排六人为一组，给大家 5 分钟时间，交流各自的任务和表现，再分享聊天过程中的感受。在平时生活中，当你听到别人和自己观点不同时，你是怎样做出回应的？你的回应得到了怎样的反馈？

【小结】 共情理解是认真倾听的最高境界，就是全神贯注地听，不打断对方讲话，不做价值判断，努力体验对方的感受，及时给予语言和非语言反馈。

设身处地替他人着想，可以减少很多不必要的烦恼，更有利于我们与他人建立健康的人际关系。很多时候，我们必须与一个自己不喜欢的人相处，此时留有余地，尽可能从对方的角度去思考问题，这样做，往往也给自己留了余地。

4. **布置作业**（5min）

请学生谈谈课堂中最深刻的感受。思考平时与人交往过程中自己做得好的以及还需改进的地方。

【总结】 许多时候，你所表达的并不一定就是别人所理解的，你所听到的未必就是别人想表达的。双向沟通是基础，是前提，我们要有意识地增加双方的信息交流和感情沟通，不断反馈、调节沟通方式，才能绘画出美好友谊的图景，达到沟通的最佳效果。认真倾听是必要条件，我们要学会倾听，了解对方传达的信息，及时反馈与交流，查验自己是否听明白，是否误解了别人；共情理解是关键，要了解对方的感受和需求，让自己更懂别人。

链接1： 3A 原则

美国学者布吉林曾经提出了一个 3A 法则，其基本含义是：在人际交往过程中要成为受欢迎的人，就必须善于向交往对象表达善良、尊重、友善之意。

3A法则的具体内容如下图所示。

1. 接受对方（Accept）

从交际礼仪的角度来讲，须接受对方三个要点：① 接受交往对象。② 接受交往对象的风俗习惯。③ 接受交际对象的交际礼仪。

2. 重视对方（Appreciate，欣赏）

重视别人就是要学会欣赏别人，善待别人就是善待自己。一个真正有教养的人从来都是一个虚心的人，要懂得欣赏他人的重要性。

3. 赞美对方（Admire）

以欣赏的态度去肯定对方，与人交流，肯定别人实际上就是肯定自己。尺有所短，寸有所长。赞美对方要实事求是，要赞美别人的长处。

3A法则是我们向别人表达善意的可操作技巧，这对我们在人际交往中成为受欢迎的人是大有裨益的。倘若你在人际交往中注意有效沟通，你就会更好地被交往对象所接受，从而让自己成为更受欢迎的人，也有助于在别人心中塑造良好的形象。

链接2： 合格的倾听技巧

1. 要表示出诚意

听就要真心真意地听，这对自己和对他人都是很有好处的，安排好时间，听他人谈话是一件很值得做的事情。

2. 要有耐心

耐心主要体现在两个方面：一是谈话内容零散，观点不太突出或逻辑性不太强时，要鼓励对方把话说完，待听完后自然就能理解他（或她）所要表达的意思了；否则，容易自以为是地理解、发表意见，产生更加不好的效果。二是别人对事物的观点和看法有可能是你无法接受的，但应试着去理解别人，一定要耐心把话听完，才能达到倾听的目的。

3. 要避免不良习惯

开小差，随意打断别人的谈话，或借机把谈话主题引到自己的事情上，一心二用，任意地加入自己的观点，轻易做出评论和表态等，都是很不尊重对方的表现，这比不听别人谈话产生的效果更加恶劣，一定要注意避免。

4. 适时鼓励并表示理解

谈话者往往都希望自己的经历能得到他人的理解和支持，若倾听者在谈话中加入一些简短的语言，如"对的""就是这样""你说得对"等或点头微笑表示理解，就能鼓励谈话者继续说下去，并引起共鸣。当然，仍要以安静聆听为主，倾听时要面向说话者，用眼睛与谈话人的眼睛沟通，或以手势表示认同。

5. 适时做出反馈

谈话进行一个阶段后，准确的反馈会激励谈话人继续进行，包括希望其重复刚才的意见，如"你刚才的意思或理解是……"等，不准确的反馈则不利于谈话，因此要把握好度。

学会与父母沟通

◉ 辅导目标

- 让学生感知父母的辛劳，知道父母也需要别人的理解和关心，了解自己与父母沟通上的不足。
- 引导学生体会家长的良苦用心，感受父母无微不至的爱，理解父母，热爱父母。
- 让学生初步掌握与父母沟通的一些方法和技巧，鼓励学生主动与父母交流。

◎ 教学准备

PPT、排练小品。

◎ 活动过程

1. 导入歌曲（5min）

播放歌曲《妈妈》，提问：是谁，把我们带到这美丽的世界？是谁，呵护我们、保护我们、照顾我们？是爸爸妈妈带我们来到这个世界上，爸爸妈妈是最关爱我们的人，那么我们对父母了解多少呢？有谁知道父母的生日？有谁知道父母的爱好？

2. 观看心理剧《考试之后》

父母是最亲近我们和了解我们的人。但我们并没有真正地了解父母，甚至觉得我们和父母的距离正在慢慢地拉大，和父母没有亲密感，这是怎么回事？下面就让我们一起观看发生在我们身边的事（观看小品《考试之后》），或许对你会有所启发。

小洁平时成绩非常好，最近由于身体不舒服，妈妈又出差在外，上课无精打采，作业马马虎虎完成，这次语文考试只得了"及格"。拿到试卷那天晚上，妈妈正好出差回家，忙里忙外做着家务。小洁忐忑不安地向妈妈汇报了成绩，此时累得满头大汗的妈妈得知成绩后非常恼火，严厉地批评了小洁。小洁觉得很委屈，甩门躲进自己的房间，趴在床上哭了起来。她和妈妈已经两天不说话了。

【分享】 看完小品，你有什么想法呢？类似的情况也许在你身上也遇到过吧？你觉得小洁同学与母亲的关系处理得好吗？如果不好，问题出在哪里呢？

【讨论】 在这个小品中，你认为谁出现了问题？为什么小小一张考卷会引发母女俩那么大的矛盾？面对妈妈的责骂，如果你是小洁，你会怎么想？妈妈为什么会这么生气？（扮演妈妈的同学诉说）你希望她们继续这么发展下去吗？为什么？

【思考】 如果时间可以倒流，我们回到小洁拿着试卷回家这个场景，你能帮她们想想办法避免这场冲突吗？① 小洁可以怎么说？说的时候要注意什么？②你觉得小洁这样说，妈妈会怎么样？③如果妈妈不原谅自己，而是不分青红皂白地批评，该怎么办？小洁该用怎样的方式与妈妈沟通呢？

学生分组讨论，将意见归纳为：和妈妈吵架，对着干，并不能解决问题，小洁应该：①主动承认错误；②换位思考；③回忆一些妈妈对你好的场面；④冷处理，深呼吸，暗示自己不要激动，妈妈最终会原谅和理解自己。

表演改版后的小品《考试后》。看完小品后你有什么新的感触？对小品中妈妈和小洁她们俩的这种沟通方式，你认同吗？

【小结】 当矛盾产生时，如果注意一些方式和方法，可以大事化小，小事化无。

3. **实践技巧**（13min）

【分享】 小洁的问题得到了圆满的解决，那我们自己的事呢？大家有没有与爸爸妈妈发生过不开心的事？你能说一说与自己父母发生过的一次矛盾吗？你当时是怎样处理的？大家觉得这样做有效吗？听了小洁的故事后，你有什么新的想法吗？

父母的爱是深沉而伟大的，为了子女，他们甘愿付出而不求回报，我们要相信父母，尊重父母，体谅父母。只要我们理解父母，多与父母沟通，注意与父母相处的方法，就一定能和父母成为知心朋友。

4. **布置作业**（2min）

选择一种方法，回家试着和父母沟通一下，并写下沟通心得。

链接： 我们如何与父母沟通

所谓沟通，就是让彼此明白对方的心意及表达自己想法的一种方法。我们与父母沟通的过程，其实是辨明是非、寻求最佳结果的过程。要达到有效沟通，须掌握以下基本要领：

（1）了解是前提。了解父母，沟通就有主动权。知道父母怎么想，怎样处事，有什么兴趣爱好，是什么脾气秉性，对我们有什么期望，我们与他们沟通就有了预见性和主动权。

（2）尊重理解是关键。尊重是与父母交往的基本要求。如果连最爱自己、对自己付出最多的人都不尊重，就失去了最起码的道德。与父母正常沟通，首先要理解父母，理解其心情，尊重其意愿，还要讲求基本的礼貌，不能任性。

（3）理解父母的有效方法是换位思考。当我们不理解父母、与父母起冲突的时候，要学会换位思考，替他们想一想，了解他们是为了什么，有什么想法，他们这样做有什么道理，这会让我们变得更加冷静和理智。

（4）沟通的结果要求同存异。沟通不要走极端，两代人之间毕竟存在差异，难免有不同的观点、动机和行为方式。正因为有分歧，所以才要沟通。这种沟通，不一定非要统一不可，而要求同存异。找到同，我们就有了共同的语言和行动；保存异，就是保存对父母的尊重和理解。另外，我们要克服闭锁心理，要向父母传递有关自己的信息和情况，表达自己的心情，说出自己的意见，让父母了解自己。我们要保持自己的独立性，但不要忽略与父母的交流和沟通。与父母发生矛盾时，要耐心解释，让父母听得进，以得到他们对自己的理解。解释时放低声调，斟酌词句，有商有量。即使父母不对，也要就事论事，不能迁怒于父母。

父母具有几十年的人生经历，看问题要成熟得多。我们虽慢慢长大了、独立了，但真正的独立和成熟有一过程，不是突然的。经常跟爸妈谈谈自己在学校的情况、遇到的烦恼，可以得到很多有益的启示。不要认为跟父母谈心是"没长大"，善于沟通正是你越来越成熟、独立的表现。在交流沟通中，说不定父母也会受到你的影响，接受一些年轻人认可的新生事物，那样会无意中缩小代沟，增进家庭成员间的感情。父母永远爱我们，只要我们同样以爱的方式对待父母，沟通的障碍就会大大减少。

阳光心态　青春同行

辅导目标

- 让学生认识到对异性的向往和爱慕是青春期的正常心理现象。
- 让学生认识到如何将好感、喜欢导向友谊，而非早恋。
- 掌握正常异性交往的尺度，收获纯真友谊。

教学准备

PPT、爱心碎片图。

活动过程

1. 热身（5min）

【活动规则】 将女孩比作花朵，将男孩比作绿叶，围成一个大圆圈队列（老师在圈内），人与人间隔30厘米以上，不可有肢体接触。听老师指令抱团开花。例如，"鲜花绿叶共五个"，即不分男女，每5人抱成一团；"5朵鲜花，3片绿叶"，即5个女生、3个男生抱在一起。最后，将全班分成4组，每组有男有女，为分组讨论做准备。

【分享】 为什么没有男女生敢单独拥抱在一起？为什么当不得不与异性同学拥抱在一起时我们很纠结？

2. 青春期性意识的发展（15min）

下面请看一篇简短的故事。

绿鹅的故事

《十日谈》里的一则故事说，一个从小与世隔绝的青年，跟父亲下山进城，路遇一群年轻漂亮的姑娘，青年问父亲这是什么东西。虔诚信仰天主教的父亲答道：她们是祸水，叫绿鹅。他嘱咐儿子低下头去，眼睛盯着地面，别去看她们。谁知儿子却说："爸爸，让我带只绿鹅回去吧！"这个故事说明：人的自然天性是无法阻挡的。

【分组讨论】 小组讨论："男女搭配，干活不累"还是"男女搭配，伤心受罪"？明确分工，全员参与，各抒己见，记录员记录，组长总结如下：

异性交往之"友谊篇"

① 有利于智力上取长补短。
② 有利于情感上互相交流。
③ 有利于个性上完善丰富。
④ 有利于活动中互相激励。
⑤ 有利于性心理健康发展。

异性交往之"早恋篇"

① 思想尚未定型。
② 心理尚未成熟。
③ 经济尚未独立。
④ 事业尚未定向。

我们像两只相互取暖的刺猬

《刺猬的故事》，太远寒冷，太近刺痛，距离是一种保护。

3. 亲密有间（20min）

【活动规则】 青春情景剧：学生做 ABC 选择时，教师不评判、不说教，按照情节发展，一步步导出不恰当的异性交往可能带来的后果。续写故事《青春的凋零》，对男女生分别提出期望。（发乎情止乎礼；学会保护自己。）

（1）青春的萌动。

小雯和小江是初中同学，虽然进入高中后不同班，但还是常常有来往。慢慢地，小江特别想和小雯在一起，上课也常常会想到小雯，他发现自己喜欢上小雯了，一日不见，如隔三秋。

（2）青春的烦恼。

一个月后，小雯收到了小江的一封信，看后不禁红了脸。

小雯：

你好！在我心中，你是个非常优秀的女孩，文静、端庄、聪颖，特别会体贴人，我有什么不开心的事儿都喜欢告诉你。你心地非常善良。还记得吗？上次我打球扭伤了脚，在家休养了一个礼拜，回校上学第一天，你把我缺课那周的笔记抄写好了递给我。小雯，我觉得自己越来越喜欢你，越来越离不开你了。你知道吗？只要见到你，我的心就怦怦直跳，上课也老想着你。不知道从什么时候起，你已成为我生命中的一部分。小雯，做我女朋友，好吗？

爱你的小江

（3）青春的选择。

情况①：小雯拒绝了小江，告诉他，感情没有对错，但青涩的爱情很难有结果，彼此都保证不了能一直走下去。一旦迷失其中，就会留下伤疤，最终成为遗憾。我们还有大学梦，我们还有很长的路要走。

情况②：小雯接受了小江的表白，相处一个月后，随着彼此缺点的暴露、性格的不合和成绩的下降，他们经常吵架并相互埋怨，两人在一起不像以前那样轻松快乐。于是，小雯提出了分手。

情况③：小雯和小江交往了，经常单独在一起，两个人都觉得很幸福快乐，感情发展得很好。某一个周末，小江约小雯到他家玩，两人独处一室，看看电视，聊聊天，小江有了一种身体的冲动，他慢慢地向小雯靠近，并提出发生性关系的要求……

（4）青春的凋零。

情况①：小雯拒绝了小江，愤然离去，然后……

情况②：小雯答应了小江，不久发现自己怀孕了，小江知道后非常害怕，惊慌失措，然后……

4. **真爱值得等待**（5min）

【活动规则】 每个小组一个信封，里面装有"爱心"碎片。成员间相互合作，把碎片拼凑出一个完整的"爱心"，限时2分钟。

【分享】 在拼爱心的过程中，遇到了什么困难？如果把完整的爱心比喻为真正的爱情，把限时拼爱心的过程想象成恋爱的过程，你觉得我们会碰到哪些困难与阻力？

教师引导学生如何将好感、喜欢导向友谊，而非早恋。女孩子，莫将芳心轻许人；男孩子，应有担当、责任，为中华之崛起而读书。引导学生认识到高中恋情的不可能性，真爱值得等待。

等一等
不，不要说
让我们依然保持沉默
我是多么珍惜
这天真羞涩
我们的肩膀

都还稚嫩

扛不起太多的责任

等一等吧

等你的肩膀更厚实些

我也懂得了什么是成熟的思索

链接1： 青春期性意识的发展

1. 疏远异性期

大致在 9～10 岁出现。第二性征发展，发现男女性别的差异，对自身发生的巨变感到迷茫、害羞、腼腆；对两性关系由无知到朦胧意识，产生明显的性不安，本能地对异性产生疏远、冷漠与反感，对两性间的接触持回避态度。

2. 异性相吸期

大致在 12～13 岁出现。对异性产生兴趣、好奇、敏感、异常关心和渴望接近，甚至有吸引、爱慕的倾向。异性成为同学们谈话的中心话题，这样就很自然地出现男女之间接触增多，相互或单方面地表示愿与之亲近的倾向。这是学习与异性交往的重要时期。

3. 异性眷恋期

大致在 15～16 岁出现。在群体交往的基础上发现了自己喜欢的异性，渴望与其单独相处，享受爱与被爱的感觉。

链接2： 青春期异性交往中的六"不"

1. 不必过分拘谨

在与异性交往中，要注意消除异性间交往的不自然感，要自然地、落落大方地进行男女同学间的交往。友谊本来就是感情的自然发展，不应有任何矫揉造作和忸怩作态，那样反而会贻笑大方，令人生厌。

2. 不应过分随便

男女间交往过分拘谨固然令人生厌，但也不可过分随便，诸如嬉笑打闹、你推我拉这类行为应力求避免。毕竟男女有别，有些话题只能在同性之间交谈，有些玩笑不宜在异性面前乱开，这些都需要注意。

3. 不宜过分冷淡

男女交往时，理智从事，善于把握自己的感情是必要的，但不应过分冷淡，否则会伤害对方的自尊心，也会让人觉得你高傲无礼、孤芳自赏、不可接近。

4. 不该过分亲昵

男女交往时要注意自尊自爱，言谈举止要做到文雅庄重，切不可勾肩搭背、搔首弄姿，诸如此类的动作，不仅会让你显得轻挑，引起对方反感，而且会引起不必要的误会。

5. 不可过分卖弄

在与异性交往时，若卖弄自己见多识广而讲个不停，或在争辩中有理不让人，无理也要辩三分，都会令人反感。当然，也不要总是缄口不语，过分严肃，那样会让人对你望而生畏，敬而远之。

6. 不能违反习俗

男女交往的方式也要适合当前的社会心理。男女之间交往时要注意"入乡随俗"，避免经常单独幽会。

总之，异性间交往，要自尊自重，互相关心、尊重，不要相互挑逗，尤其要注意广交，不要个别深交，要让每位同学都感到集体这个大家庭的温暖。男同学要具备爱护、尊重女同学的品格，承担更多的社会责任；女同学要学会体谅他人、端庄、稳重，处事要有分寸。

> 链接3： 中学生恋爱的危害

我们鼓励异性同学交往，但反对中学生谈恋爱。中学生谈恋爱对未来的成长有许多危害，这主要因为：

1. **思想上尚未定型**

中学生由于世界观尚未定型，对世界、社会、人生的看法还比较幼稚、片面，思想、道德品质等在今后的人生道路上还会有很大的变化。今天两个人可能一致，明天就可能有分歧，几年后更可能分道扬镳了。在现实生活中不难发现，中学时代谈恋爱者失败的居绝大多数，后来能成为伴侣的为数甚少。

2. **心理上尚未成熟**

中学生的心理尚处在发展阶段。在自我意识方面，存在着一种"盲目的成熟感"，好自以为是；在情感发展方面，情绪波动大，好冲动，易转移；在意志发展方面，自我控制能力较差。所以，在恋爱时极易感情用事，做出"越轨"的事情来，而一旦"越轨"，对女生来说，所造成的心理、生理创伤是终生无法弥补的。

3. **经济上尚未独立**

中学生的经济主要依赖父母或他人，自己尚不能自力更生。而从恋爱到结婚、生育，这一切都需要有一定的经济基础。一些中学生由于无力支付恋爱期间的物质需要，不惜铤而走险，误入歧途。

4. **事业上尚未定向**

中学时期是打基础的时期，将来从事何种职业还是未知数。青少年时代又是读书学习的黄金时代，在这一时期，人的精力最充沛，求知欲最旺盛，观察、记忆、思维、想象等认识能力也最强。因此，中学时期是积累知识、增长才干、奠定人生基础、为将来从事的事业逐步定向的关键时期。中学生谈恋爱后，感情往往被对方所牵制，学习分心，成绩下降，将来后悔莫及。

第三章

学习　考试

保持学习动力

辅导目标

- 引导学生了解学习动机,认识不良学习动机对学习行为的影响。
- 引导学生认识保持学习动力的重要性,学会保持适中的学习动机。

教学准备

PPT、《中学生学习动机量表》。

活动过程

1. 导入(2min)

从小学甚至幼儿园起,许多同学就开始持之不懈地、积极地学习着。我们也越来越深刻地理解了学习对自身成长和未来发展的意义。进入高中后,繁重的学习任务使得一些同学开始厌倦学习,害怕学习,感觉学习不在状态(结合学情)。

2. 中学生学习动机测试(10min)

【活动规则】 指导语:下面是一份针对中学生学习动机的测试卷。该测验每一题都有三个可供选择的答案,请仔细阅读每一题,选出你认为最符合你实际情况的答案,难以决定时选择与你较接近的答案。填表时请注意:答案不存在对错,只需将你的真实想法选出来即可。

1. 是否想在学习上成为班级第一名?
   A. 不想　　　　　　B. 有时想　　　　　　C. 经常想
2. 你考试获得好成绩时,是否想得到老师的表扬?
   A. 经常想　　　　　B. 有时想　　　　　　C. 不想
3. 你是否认为,学习上碰到不懂的地方,只要努力钻研就一定会弄明白的?
   A. 不认为　　　　　B. 有时认为　　　　　C. 经常认为

4. 你是否想在和同学的学习竞赛中获胜?

  A. 经常想   B. 有时想   C. 不想

5. 你是否认为,只要用功学习,成绩就会有所提高?

  A. 不认为   B. 有时认为   C. 经常认为

6. 你是否认为,只要努力学习,即使不喜欢的功课,也会变得有兴趣?

  A. 经常认为   B. 有时认为   C. 不认为

7. 你在专心学习的时候,是否对周围发生的事不在意?

  A. 不在意   B. 有时在意   C. 经常在意

8. 你是否认为,平时好好学习,考试时就会得到好成绩?

  A. 经常认为   B. 有时认为   C. 不认为

9. 你是否认为,在测验和考试期间,可以不参加运动和游戏?

  A. 不认为   B. 有时认为   C. 经常认为

10. 你是否认为,学习紧张的时候,可以不和同学玩?

  A. 经常认为   B. 有时认为   C. 不认为

11. 你是否在疲劳的时候,还想再查看一遍已经做完的功课?

  A. 不想   B. 有时想   C. 经常想

12. 你是否想在平时就复习好功课,以便能随时回答老师的提问?

  A. 经常想   B. 有时想   C. 不想

计分:以上各题,凡奇数题1、3、5、7、9、11,选A得1分,选B得2分,选C得3分;凡偶数题2、4、6、8、10、12,选A得3分,选B得2分,选C得1分。各题得分相加得测验总分。

结果:总分为12~21分,表明学习动机较弱;总分为22~27分,表明学习动机中等;总分为28~36分,表明学习动机较强。

3. 学习动机与学习效率 (15min)

按一般的想法,学习动机的强度越高,说明学习积极性越高,对学习活动的影响更大,学习效率会更好;反之,动机的强度越低,则学习的效率也越低。然而,事实并非都如此。心理学家研究指出,动机强度与学习效率的关系并不是线性的关系,而是倒U形曲线关系。也就是说,学习动机的强度有一个最佳水平,即动机水平适中,此时的学习效率最高;一旦超过了顶峰状态,动机程度过强时就会对活动的结果产生

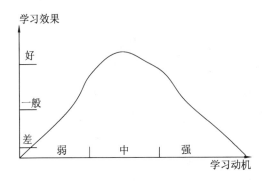

学习动机与学习效率关系示意图

一定的阻碍作用。当然，如果动机水平过低，也不会有高效率的活动的。

我们都知道，动机水平过弱时，由于缺乏学习的积极性，因而学习结果不会很好。为什么动机水平过强时，也对学习不利，只有最佳水平（既不太高也不太低）的动机，才适合各种复杂的学习呢？这是因为动机水平过强，事实上是一种过度焦虑和紧张的状态。比如，一个学生在考试时，要求获得好成绩的动机过分强烈，以致十分紧张，从而产生了"怯场"的现象，干扰了记忆和思维过程，竟然回答不出自己本来十分熟悉的问题。因此，教师对学生或学生对自己提出难以实现的过高要求对学习均是不利的。

心理学家耶克斯和多德森的研究表明，学习动机强度的最佳水平不是固定不变的，而是根据学习任务性质的不同而不同。学习任务比较简单时，学习动机强度较高可达到最佳水平；学习任务比较困难时，学习动机强度较低可达到最佳水平。这一规律在心理学中称为耶克斯-多德森定律（Yerkes-Dodson Law），简称倒U曲线。

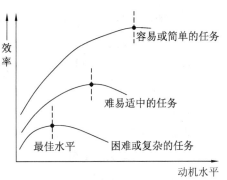

耶克斯-多德森定律示意图

4. 如何保持学习动机

【案例】 一凡学习成绩优秀，提琴、吉他、足球、游泳玩得都不错，只要他愿意，随时能结交很多好朋友。升入高一，他忽然觉得读书是一件很无聊的事情，上课无精打采，回家躲进房间，不愿意和父母亲说话；见了男同学，不屑一顾，认为他们要么只知道傻学，要么只关心追求女孩子；女生对他也没有吸引力，因为她们整天叽叽喳喳，没有深度。他不屑于别人忙碌的事情，也不知道自己该干些什么，做什么事情都提不起精神来。每天上网成了他必做的事情，浏览网页、打电子游戏和上网聊天是他消磨时光的最好方式，有时他甚至会废寝忘食地守着电脑，把现实生活中的郁闷、厌倦、烦躁全部倾泻给电脑。在刚刚结束的考试中，一凡的成绩退步很大，为此，班主任专门找他谈话。他很受打击，知道"不能再这样混下去了，要努力学习"。可是一想到没完没了的练习、复习、考试，一凡打心眼里厌倦和畏惧。每当坐到课桌前，他就发呆，胡思乱想，不在状态。一凡不由得叹气："哎，我该怎么办呢！"

【讨论】 中学生缺乏学习动力引发的不良学习行为。

① 厌倦学习，害怕学习，学习难有状态，即所谓的学习倦怠，如厌学、学习被动、学习成就感低、学习生活目标缺失、感到学习令人精疲力竭。

② 学习注意力转移。

③ 不良情绪体验增加。

④ 成绩明显下降。

【讨论】 如何保持学习动机？

5. **思考**

平时多思考，"我"为"什么"而学习，有助于提升学习动机。

链接1： 致高中生——学习没有动力的时候必看

（1）"不是我不想学，而是我看不到希望"——根源：不了解自身潜能优势。

这类学生看不到希望，表面上虽在学习，但心中随时准备放弃。其根源在于对自己能力的评价往往不客观，仅仅因为一两次的失败就全盘否定自己的能力，在逆境中抗挫折能力低，有些人甚至对自己绝望。此时需要全面充分地了解自己的潜能优势。

（2）"不是我不想学，而是我不知道为啥而学"——根源：目标不明确。

这类高中生不知道学习的真正目的是什么，多数是为父母、为老师、为考上好大学而学，对自己未来的发展更没有思路和方向，只是随大流，过一天算一天。教师和父母要帮助他们明确目标，进行专业定位，给他们看得见的未来，重新唤起他们的学习动力！

（3）"不是我不想学，而是我不会学"——根源：学习技能低。

这类学生的学习技能发展滞后，学习方法不得当，学习任务经常完不成，容易陷入书山题海中，不能自拔。此时，他们急需提升如学业目标管理能力、时间管理能力、课堂学习效率、各学科学习技巧等学习技能。

（4）"不是我不想学，而是我学不会"——根源：认知能力低。

这类学生与学习有关的基础认知能力，比如工作记忆能力、思维转换能力、逻辑推理能力等有待提升，这些能力中若有一项不足，则直接影响学习效率。尽管他们在学习上付出很多努力，但收获甚微，严重影响其学习积极性。并且这类问题不容易被学生自己和教师发现。

（5）"不是我不想学，而是我没法学"——根源：情绪不稳定。

这类学生容易受周围环境、人际交往等因素的影响而无法安心学习。比如常见的考试焦虑、失眠、注意力不集中、坚持性差、厌学、抑郁等，这些困扰影响潜能的发挥，学习受到严重干扰。

链接2： 如何激发不同学生的学习动机？

（1）第一象限——高趋低避（HL）乐观主义型/成功定向型。

成功定向的学生往往会为自己设置一个现实的学习目标，即稍稍高于个体现有的能力，但通过努力可以达到。他们的学习完全出于自身的原因，希望能够通过学习掌握知识、丰富自己、完善自己。这是成就动机当中最理想的一类，也是一种最适宜的学习动机类型，是教育培养的目标。

【建议】 教师只需要为他们创设良好的学习氛围和学习环境；尽量为他们提供具有挑战性的任务，让他们能够通过学习的结果进行自我强化。教师不需要过多督促他们的学习态度以及学习技能。

（2）第二象限——高趋高避（HH）过度努力型。

在追求成功的同时极力回避失败，即通过获得成功来使自己远离失败。他们经历着典型的趋避冲突，常常处于一种高度的紧张状态之中。他们对能力的自我评价不敢确定，害怕别人说自己是假聪明，尤其在面对失败时，常常会对自己的能力产生怀疑，在失败面前非常脆弱。高趋高避的学生在学习过程中可能会有高水平的成就焦虑。

【建议】 不能一味鼓励这类学生不断追求进步和完美，否则只会成为他们的焦虑源。要教会学生正确对待失败，正确归因，让学生能从失败中总结经验，放下包袱，降低焦虑水平，在竞争中展示自己的实力，享受学习过程。

（3）第三象限——低趋高避（LH）失败回避型。

受到回避失败倾向而不是追求成功的倾向所激励，他们学习的最大动力是极力使自己远离失败而避开他人的负性评价。他们对自己的能力评价较低，在任务实施之前或结果出现之后，会设置各种客观障碍和外在理由来解释失败这一事实，如自我设阻（通过将失败的原因从能力因素转移到其他因素而改变失败的含义）、防御性悲观（通过对失败的预期或设置安全低成就目标来改变失败的含义）和回避求助等。

【建议】 多给予鼓励；让学生正确处理好能力和努力的关系；提供适当难度的学习任务，让学生学会在失败的时候不要一味将原因归于能力低；及时正强化，敏锐地发现学生在学习上的进步，及时给予反馈；不断挖掘学习本身的意义。

（4）第四象限——低趋低避（LL）失败接受型。

接受"失败代表着能力不足"的含义，并对自己的低能力坚信不疑。较低地评价自己在学业竞争中的能力，并且坚信能力无法得到提高；缺少深层的学习策略；在好的学习习惯养成上也不见成效。他们对消极的他人评价和自我评价并不理会。他们坚信失败是不可避免的，并花费极少的精力和努力投入学习。这些个体通常对待学习非常冷漠并且显示出动机的"习得无助模式"。

【建议】 设计丰富刺激的学习活动以吸引学生；关注此类学生，为其提供自我发展的机会和小组参与的机会，让学生以集体活动的一分子参与到学习活动中来，增加其学习的责任性（同伴教育）；同时提供学习技能和学习策略方面的辅助和指导，创设成功的情境，并且给予积极的反馈。

做时间的主人

辅导目标

- 帮助学生认识到时间的紧迫感和宝贵性，理解时间的价值。
- 明白"重要—紧急"模式，结合事例，深入理解四象限法则。
- 帮助学生树立管理好时间的信心以及对时间负责的责任心。
- 掌握任务时间分配的"四象限"法，并运用到学习、生活中，提高学习效率和生活满意度。

教学准备

PPT、纸条、两个大烧杯、沙具模型。

活动过程

1. 撕纸条（5min）

【活动规则】 用一张纸条代表我们的人生，每一个格子代表十年，假设我们的人生有一百年。第一步，请把你年龄前的纸条撕掉。如18岁，就撕掉前面1以及2的一大半，看看你还剩多少个格子。第二步，目前我国人均寿命72岁，请你将7格子后面的一小半格子留下，将后面的纸条撕掉。第三步，把剩下的格子折成三等分，撕掉三分之二，因人有三分之一的时间在睡觉，另外的三分之一时间主要用于吃饭、上网、逛街、看电视、打游戏等。现在请你将手中所剩下的纸条与桌上被撕掉的纸条进行比较。

【分享】 原先很长的纸条，现在被撕成这么短，心里有何感受呢？自己曾浪费那么多时间没有好好利用，后悔吗？说说自己的感想。

【小结】 时间需要管理。对时间进行管理可以帮助我们发现时间管理漏洞，帮助我们节约时间，提高时间的使用效率。学生的主要任务是学习，管理时间的目的之一就是要让时间转化为知识和能力。从刚才的活动中我们发现，一百年虽然看起来很长，但真正用于学习、工作的时间并不太多。过去的时间就像手中的流沙,已经逝去,无法追回,我们要好好把握当下。法国的一位作家曾这样感叹,"不能管理时间便什么都不能管理"。

2. 分身"有"术（20min）

【情境展现】 婷婷是班级的学习委员,又是校学生会的干部,还是文学社的骨干,平时总需要面对许多的学习与工作任务。一个周二的早晨,她刚走进校门,便碰到几个邻班的好朋友,她们对婷婷说:"今天吃完中饭12：00,我们一起去图书馆看杂志啊,听说新的一期又到了。"踏进班级,婷婷看到教室黑板上写着"今天中午12：20—13：10学校进行英语百词竞赛"。她这才想起自己是班里推荐的10位参赛选手之一。这时门外一个学生会的干部说:"婷婷,团委王老师让你今天中午12：30召集高一年级全体学习委员开会,商量明天演讲比赛的事情。她也要来参加的。"刚坐到位子上,高二文学社的社长跑进来对她说:"今天中午12：35我们文学社成员碰个头,商量一下周六外出采访的事,你可有主要采访写作任务啊。"社长刚走,物理老师走进教室,对同学们说:"今天中午我们12：40集中,讲一下上节课的作业,错得很多,只有婷婷等几位同学做得不错。"婷婷一听,顿时觉得今天怎么这么多事情都凑到一起了啊,于是……

【信息提炼】 今天中午要做的事情（学生）:

① 12：00 看杂志。

② 12：20—13：10 学校英语百词竞赛,她是班级10位推荐选手之一。

③ 12：30 召集学习委员开会,商讨明天演讲比赛事宜。

④ 12：35 文学社商量周六采访事情,有主要任务。

⑤ 12：40 物理作业讲评,自己完成的作业质量不错。

【问题设置】

① 如果你是婷婷,那天中午你将选择去做哪件事情呢? 为什么?

② 根据学生回答,追问:那么其他的事情怎么办呢? 有什么办法可以把这五件事情都安排好吗?

【小结】 时间"四象限"法是美国管理学家科维提出的一个时间管理的理论,把工作按照重要和紧急两个不同的程度进行了划分,基本上分为四个"象限"：既紧急又重要（我必须要做，且不能耽误的事情）、重要但不紧急（我必须要做，但有充足时间的事情）、紧急但不重要（如电话铃声、不速之客等）、既不紧急也不重要（可做可不做的事情）。

师：对照这四个象限，你如何来分配时间呢？

【活动规则】 比谁装得满？（不得超过烧杯口。）

材料：烧杯——一段时间内，一个人最大的工作量；大水果——重要、不紧急的事务；小水果——重要且紧急的事务；沙子——不重要但紧急的事务。

【分享】 这个实验给我们什么启示？

（结合刚刚学生的分享，展示成功人士和普通人对时间的分配。）

普通人的时间安排		高效能人士的时间安排	
I 25%~30%	II 15%	I 20%~25%	II 65%~80%
III 50%~60%	IV 2%~3%	III 15%	IV <1%

（I：既重要又紧急的事；II：重要但不紧急的事；III：紧急但不重要的事；IV：既不紧急也不重要的事）

正如杯子容量有限一样，人的时间也是有限的，无论怎么挤，一天也不可能挤出 25 个小时出来。但我们要做的事情是无限的，即使仅仅完成学习这一个任务，要看的书是永远看不完的，要做的题目是永远做不完的，要背诵的东西是永远背不完的。这节自习课做了一张数学试卷，就不能再做一张物理试卷。即使你的计划完美无缺，但是有一天突然感冒发烧要去看医生，那么计划就会被打乱。所以，无论怎么样计划，都不可能把所有要做的事情计划完；无论怎么样计划，都不可能把一切安排得天衣无缝。当面临选择的时候，当有些任务实在无法完成的时候，我们该怎么办？

真正懂得如何利用时间的高手，一定是懂得如何取舍的人。中学学习的压力很大，很多人被弄得手忙脚乱。每位同学每次只能拿起一本书认真阅读,而不是同时拿起十几本书随意浏览——这是一种最浪费时间的学习方法。那么,该选择哪一本呢?答案其实很简单:选择最重要的那本。对第二重要的那本,坚决不看。当把最重要的那本书看完之后,第二重要的那本书也就变成最重要的了。确保自己一直都在做最重要的事情,实际上也就是确保了自己的时间一直都在被高效地利用。如果你今天计划做五张试卷,如语文、英语、数学、物理、化学各一张,那么请先做你觉得最需要提高的那门科目。

用计划"超越"时间,我们的原则是:首先考虑做好重要且紧急的事情,其次安排好紧急的事情,做好重要的事情,放弃重复、价值不大的事情,最后考虑不重要、不紧急的事情。

3. 争分夺秒(15min)

【情境延续】 婷婷面对着如此多的事情,静下心来仔细想了想,便在一张表格上写了起来,并且按照自己心目中的重要性为这五件事情排了序。

_____月_____日时间管理表

时间段	计划内容	重要性排序	要做的事情	希望完成的时间和达到的效果
中午休息时间(11:40—13:15)	看杂志	5	告诉好朋友下周一中午再一起去看体育杂志	
	学校英语百词竞赛	1	参加学校英语百词竞赛(12:20—13:10)	
	听物理作业讲评(已掌握)	4	向物理老师请假	
	召集学习委员开会(委托他人)	2	寻找协助开会的人并告知其会议内容与要求(明天演讲比赛)	
	文学社讨论外出采访事情(周六)	3	与文学社社长商量另定讨论时间(周六外出)	

【问题设置】 要按照计划有序地完成这些任务,婷婷必须在中午时间段中做好这些事情,那么,她又将如何安排呢?假如你是婷婷,请

同学们为这些事情定个完成的期限吧！记住，你的时间只有 1 小时 35 分钟哦。

【分享】 如何制定目标？

【小结】 用目标"超越"时间，我们的原则是：在确定了事情的轻重缓急之后，需要对所做的事情确立目标，即完成任务的时间限制和完成的质量，盲目地做只会花费更多的时间，甚至一无所获。

4. **总结**（5min）

时间是永远不会等人的，在我们一起呐喊着超越它的时候，它依然在不紧不慢地走着，珍惜了今天，才有可能拥有梦想中的明天。计划贵在坚持，计划重在实践。只有把每天的事情一点一点地去落实到位，才可以尽量避免"临时抱佛脚""事事待明日，万事成蹉跎"的出现。请同学们在课后运用所学到的 ABCD 原则对自己的时间做一个规划，坚持一段时间，提高管理时间的能力。

▷ 链接1： 时间管理的建议

（1）做好的事情要比把事情做好更重要。做好的事情，是有效果；把事情做好仅仅是有效率。首先考虑效果，然后考虑效率。

（2）区分紧急事务与重要事务。紧急事务往往是短期性的，重要事务往往是长期性的。必须学会如何让重要的事情变得很紧急，这是高效的开始。

（3）每分每秒做最高效率的事。将罗列的事情中没有任何意义的事情删除掉。

（4）不要想成为完美主义者。不要追求完美，而要追求办事效果。

（5）巧妙地拖延。如果一件事情，你不想做，可以将这件事情细分为很小的部分，只做其中一个小的部分就可以了，或者对其中最主要的部分最多花费 15 分钟时间去做。

（6）学会说"不"。一旦确定了哪些事情是重要的，对那些不重要的事情应当说"不"。

（7）有计划地使用时间。不会计划时间的人，等于计划失败。

（8）目标明确。目标要具体，具有可实现性。

（9）对将要做的事情，根据优先程度分先后顺序。80%的事情只需要20%的努力；而20%的事情是值得做的，应当享有优先权。因此，要善于区分这20%的有价值的事情，然后根据价值大小分配时间。

（10）将一天从早到晚要做的事情进行罗列。

（11）每件事都有具体的时间结束点。控制好通电话的时间与聊天的时间。

（12）遵循你的生物钟。你办事效率最佳的时间段是何时？将优先办的事情放在最佳时间段里。

链接2： 目标设定——SMART原则

S（specific）：用具体的、明确的语言清晰地说明要达成的行为标准。

M（measurable）：目标是可量化或质化的，应该有一组明确的数据。

A（attainable）：目标是基于现实的并具有一定的挑战性。

R（relevant）：实现此目标与其他目标的关联情况。

T（time-bound）：目标的达成是有时间限制的。

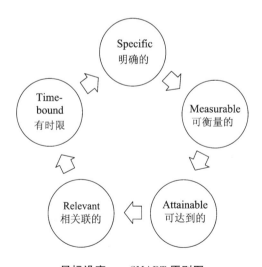

目标设定——SMART原则图

给心灵减压

◉ 辅导目标

- 让学生学会辩证地看待压力。
- 让学生认识到考试焦虑的原因。
- 让学生学会几种解压的方法。
- 让学生对决战高考树立信心。

◉ 教学准备

白纸、笔、眼罩。

◉ 活动过程

（课前，请同学们用 1～10 中的数字表示自己面对高考的压力和焦虑程度，填写在学案上，目的是让教师了解学生的焦虑情况，为活动和分享做铺垫。）

1. 一分钟鼓掌（10min）

【活动规则】 首先，要学生们估计一下一分钟最多能拍手的次数。然后，统计几个区间的人数，如 60 次以下、100～200 次、200～300 次、300 次以上。然后用秒表计时一分钟，学生快速地拍手，要求每个人记住自己拍手的次数（在拍手过程中要给予鼓励和催促，要求学生们不断加快拍手速度）。最后，询问学生们实际次数和刚开始设想的次数有没有差别，是多了还是少了？为什么？（统计几个区间的人数，基本上所有学生拍的次数都比估计值高得多。）

【分享】 联系"高考备战"。

① 你想到过一分钟能拍手这么多次吗？（潜力无限，相信自己。）

② 刚开始大家拍手频率很快，到最后变得慢了，但是没有人停下来，为什么？（贵在坚持。）

③ 没有人说一分钟拍手 20 次，也没有人说一分钟拍手 500 次以

上，因为这些目标要么太容易，缺乏挑战性，要么目标定得太高，即便努力也很难达到。（目标确定要合适，客观评估自己。）

④ 时间每一分每一秒悄悄地流逝，我们注意到了吗？（珍惜时间，紧迫带来动力。）

⑤ 结合活动感悟，说说在备考感到精神懈怠、缺乏动力时，可以让自己振奋精神，坚持复习的方法（激昂的音乐、雄壮的口号、远大的理想、他人的期望、身体上的情绪唤醒）。

【小结】 掌声鼓出了学生们激情洋溢的士气，它既是对我们青春的喝彩，对一线教师的感谢，更是对我们坚持不懈的鼓舞，对高考大捷的美好祝福。现在距离高考还剩下 X 天，此时不搏何时搏，相信自己，潜力无限，只要踏实地去行动，一分钟一分钟地积累，你真的还有很大的进步空间，为你的成功增添筹码。

2. "心"中的障碍（15min）

【活动规则】 请 6 位同学蹲下扮作障碍物，再另选甲、乙、丙、丁四位同学，要求四人蒙着眼睛从活动室前面走到后面去。

甲（第一个走）——"他/她在障碍物就绪前就蒙上眼睛，看不到障碍物位置"。

乙（第二个走）——"他/她蒙眼前已经看到障碍物的位置，过程中障碍物位置不变"。

丙（第三个走）——"他/她蒙眼前看到障碍物的位置，在他/她走的过程中障碍物位置发生了微调，但他/她不知道"。

丁（第四个走）——"他/她蒙眼前看到障碍物的位置，并事先告诉他/她障碍物会发生位置微调"。

【分享】

① 四位同学在活动过程中各有什么表现？

② 蒙眼前不知道障碍物位置的同学和知道障碍物位置的同学表现有什么不同？（甲与乙、丙、丁对比，高考前完全没有准备的同学与高考前有所准备的同学对比。）

③ 知道障碍物位置会发生变动的同学和不知道障碍物位置会发生变动的同学表现有什么不同？（丙与丁对比，有应万变的心态与准备不充分的盲目乐观对比。）

④ 四位被蒙眼的同学谈一谈在活动中的感受和想法。（结合自身考试中可能遇到的类似问题。）

⑤ 其他同学谈一谈观察到的行为、体验到的想法。（联系高考，如何看待障碍物及其变动。）

⑥ 这个小实验，对你的高考备战有哪些启示？

【小结】 高考是一场克服障碍、到达彼岸的过程，有备无患……

3. **众说压力**（15min）

【活动规则】 呼吸放松（轻音乐）：请同学们跟着教师的指令来调整呼吸，放松一下自己。将两手分别放在胸部和腹部，深深地吸气，"1—2—3—4"，让胸部充满空气，放在胸部的手慢慢地随之升起，再慢慢地呼气。这体验的是胸式呼吸。下面再感受腹式呼吸，深深地吸气，腹部上的手慢慢地随之升起，"1—2—3—4"，再慢慢地呼气。然后胸腹式呼吸交替进行，此时会感到很放松，很平静。请同学们在学案上给自己现在的压力和焦虑程度打分。

【讨论】

① 你此刻的焦虑分值和上课前填写的有变化吗？相差几分？

② 你认为自己的高考焦虑处于（很低、较低、适中、较高、很高）水平。（打"√"）

③ 你有过考试焦虑的经历吗？考试焦虑影响到你的学习效果了吗？

④ 当你因为考试而感到紧张焦虑时，最担心的是什么？

⑤ 你认为考试焦虑产生的原因有哪些？来自哪里？

⑥ 如果你的考试焦虑分值很低，你是从未焦虑过还是通过调整缓解了焦虑？你怎么看待考试焦虑？你有哪些好方法来缓解考试焦虑和压力？

⑦ 如果你的考试焦虑分值很高，你采用过哪些途径来帮助自己减轻这种焦虑？这些方法有用吗？

⑧ 同学们分享的调节情绪、缓解压力的办法中，你运用成功的有哪些？愿意去尝试的有哪些？

【分享】 引导学生认识到：

① 学习需要适度压力。

② 不合理的预期、想赢怕输等心理会影响正常水平的发挥。

③ 不能改变压力，但可以调节对压力的认识和评价，变消极应付为积极应对。

④ 缓解压力的方法（对应各个活动分享的点）：

a. 心理想象，将对高考不确定的担忧、焦虑变成可训练的状态。

b. 放松身体，运用身心交互作用，用身体的放松带动情绪上的放松。

c. 每个学生在高考这个关键时刻都会感到焦虑，坦然从容地接纳自己的焦虑，暗示自己这是焦虑在帮助自己更好地发挥水平。

d. 专注复习，就不会被考好的荣誉所分心，也不会为没有考好的灾难化结果所担忧。

e. 调整预期，高考是人生发展和职业生涯规划的重要里程碑，但不是终点，高考不是最后的机会，只要努力过，做最好的自己，就不后悔。

f. 关注自己的积极面，把所有会做的题目百分百做对，高考就成功了。

…………

4. 寄语高考（5min）

播放背景音乐《我相信》：学生在学案上写下自己的高考寄语。课后，沿着虚线撕下，交给班主任，整理成班级的冲刺宣誓版，张贴在教室里，给予同学鼓励和支持。

我的理想院校是：

我对自己的期望是：

我的冲刺誓言是：

我想对高考后的自己说：

链接1： 积极的自我暗示

1. 身体行为暗示法

身体主宰着心理，心理对身体又有反作用。比如，我们走路时挺胸，抬头，昂首阔步，我们就会觉得自己很有精神；我们听课时身板挺直，扩肩挺胸，表现出一副朝气蓬勃、精力充沛的样子，那么我们的身体就会给自己的潜意识传达一个信息——我很精神，即便身体很疲乏，但潜意识所传达出来的信息就会真的让我们朝气蓬勃、精力充沛起来。在我们紧张、情绪低落的时候，如果自己表现出很自信、很勇敢、很有底气的样子，那么用不了几分钟，就会真正变得很自信、很勇敢、很有底气了。

2. 对自己说积极激励的话

比如，站在镜子面前，看着自己的眼睛，真诚地表述自己的愿望，如"你马上要参加一场至关重要的考试了，我相信你的实力，只要肯努力，你一定可以成功的！加油！"或"我精力充沛，任何艰难险阻都可以战胜"等。经过这样的自言自语，你的精力就会更加充沛，心情也会更加积极乐观，效率也会大幅度地提高。

（每天早上或者学习状态低下时默念）
我是一个具有良好心态的人。
我是一个能完美控制自己情绪的人。
我是一个具有坚定信念的人。
我是一个能合理安排时间的人。
我是一个目标明确的人。
我是一个具有良好记忆力的人。
我会坚持完成我的高考计划。
高考就是一件轻而易举的事情。
高考必胜，高考一定会马到成功！
我有足够的能力来采取行动，获取高考的最终胜利。

3. 不说消极语言

消极的话说多了，我们的潜意识就会接受消极的暗示，产生自卑心理而意志消沉，失去自信，最终让自己更加无精打采，难以取得成功。不要总强调负面信息，应避免用失败的教训来提醒自己，多用一些积极性的暗示，如"昨天我有20个单词没有背下来，多背几遍我就能记住了"。积极的暗示和指导，比起强调负面结果，效果会好很多。不要给自己贴负面的标签，真正能够击倒你的人有时恰恰是你自己。所谓考试成功，其实就是在考试中发挥出自己实际的水平。平时多做纵向比较，盲目与他人攀比只能挫伤自己的信心。不说对自己否定的话,把每一次失败都当作是最后一次。在遭遇不顺和失败的时候,试着对自己说:"这是最糟糕的情况了,不会再有比这更倒霉的事情发生了。""既然'最糟糕的事'都已经发生了,那么以后就该'否极泰来'了!"

4. 淡化消极因素

当人情绪低落时,可运用自我暗示法,多想自己的积极面,设法缩小消极面。若某一次考试未考好,不要轻易否定自己,不要把问题扩大化。平常考试时,暴露的问题越多,我们也就越了解自己,查缺补漏的效果就越好,就意味着我们在关键考试中遇到问题的概率大幅降低,成功的概率大增。从该角度思考问题,心情舒畅了,消极因素自然就消失了。

刚开始运用自我暗示时效果并不明显,只要持之以恒去练习,相信一定会产生积极的作用。

链接2: 放松训练

1. 练习冥想

冥想就是闭目冥思,通常的方法是:调整自己的坐姿,让身体舒适,然后慢慢闭上眼睛,想象一种场景,比如在海滩晒阳光,想象静止的场景,再改变观察角度,观看场景中不同的物体;想象活动的场景,在想象的场景里散步,或者做其他的事情。长期坚持冥想,可以缓解压力,放松身心。

2. 呼吸训练

使用胸腹部肌肉交替呼吸法也可缓解压力。方法为:平躺在床上,两手分别置于胸部和腹部;先吸气并隆胸,使意念停留在胸部上,此时置于胸部的手慢慢随之升起,然后呼气;再吸气并鼓腹,使意念停留在腹部上,此时置于腹部的手慢慢随之升起,然后呼气。这样反复交替训练,不断体验胸、腹部的上下起伏及呼吸时舒适轻松的感觉。

3. 肌肉放松

渐进性放松训练是对肌肉反复进行紧—松、张—弛的一种练习,以取得肌肉放松和大脑皮层唤醒水平下降的效果。肌肉放松训练的过程可分为五个步骤:集中注意—肌肉紧张—保持紧张—解除紧张—肌肉松弛。肌肉放松包括手臂、头、躯干、腿等部位的放松。

  首先，做手臂放松练习：平躺在床上，伸出右手，逐渐握紧拳头，使右前臂紧张，约 10 秒钟，然后放松；伸出左手，逐渐握紧拳头，使左前臂紧张，约 10 秒钟，然后放松；伸出双手，逐渐握紧拳头，使双前臂紧张，约 10 秒钟，然后放松。其次，做头部放松练习：皱起眉头及前额肌肉，耸起鼻子和脸颊，咬紧牙关，使嘴角尽量向两边咧，鼓起两腮屏住呼吸，约 10 秒钟，然后放松。再次，做躯干放松练习：耸起双肩，使肩部肌肉紧张，约 10 秒钟，然后放松；挺起胸部，使胸部肌肉紧张，约 10 秒钟，然后放松；拱起背部，使背部肌肉紧张，约 10 秒钟，然后放松；吸一口气，屏住呼吸，使腹部肌肉紧张，约 10 秒钟，然后放松。最后，做腿部放松练习：伸出右腿，右脚向前用力，使右腿紧张，约 10 秒钟，然后放松；伸出左腿，左脚向前用力，使左腿紧张，约 10 秒钟，然后放松。当各部位肌肉做完练习后，会感到全身安静、放松。

第四章

生涯规划

我的未来我做主

◉ 辅导目标

- 培养高中生树立职业生涯规划的意识。
- 增强高中生对自我的认识,在教师的引导下尝试初步制订职业生涯规划。

◉ 教学准备

PPT、彩笔、故事。

◉ 活动过程

1. 导入:马和驴子的故事(3min)

唐太宗贞观年间,有一匹马和一头驴子,它们是好朋友。贞观三年,这匹马被玄奘大师选中,出发前往印度取经。17年后,这匹马驮着经书回到长安,重到磨坊会见驴子朋友。老马谈起这次旅途的经历,浩瀚无边的沙漠,高耸云霄的山岭,凌云的冰雪,壮阔的波澜……神话般的一切,让驴子听了大为惊异、好生羡慕!驴子惊叹道:"你有多么丰富的见闻呀!那么遥远的道路,我连想都不敢想。"老马说:"其实我们跨过的距离是大体相等的。当我向西域前进的时候,你一步也没停止。不同的是,我同玄奘大师有一个遥远的目标,按照始终如一的方向前进,所以我们走进了一个广阔的世界。而你被蒙住了眼睛,一生就围着磨盘打转,所以永远也走不出这个狭隘的天地。"

【启发】 我们要像故事中的马一样,做事情一定要有一个长远的目标,并为之奋斗。对于人生来说,尤其如此,要懂得合理规划自己的职业生涯,有目标有计划地前进。我们每个人都要给自己制订一份职业生涯规划。

职业生涯规划也可叫职业生涯设计,是指个人和组织相结合,在对一个人职业生涯的主客观条件进行测定、分析、总结研究的基础上,对自己的兴趣、爱好、能力、特长、经历及不足等各方面进行综合分析与权衡,结合时代特点,根据自己的职业倾向,确定最佳的职业发展方向,并为实现这一目标做出行之有效的安排。

2. **职业生涯幻游**(15min)

【活动规则】 放松指导语:尽可能放松,使自己舒服地坐在椅子上……闭上眼睛并完全放松自己……舒缓你的呼吸……看看身体还有哪些地方紧张,尽量放松、放松、再放松……想象自己经由时空旅行来到十年后的未来,十年后的世界……十年后的你是什么样子,你在做什么,你周围有些什么样的人……现在回到现实中,看看周遭的一切。

【分享】 当学生回到现实中后,示意学生们不要互相交谈,要求他们用画笔或文字把刚才的旅途心境与感受描绘出来。

十年后的我居住的场所在_____。

十年后的我居住的场所周遭环境_____。

十年后的我居住的场所周遭人群_____。

十年后的我从事的工作是_____。

十年后的我从事的工作具体内容是_____。

十年后的我从事工作的场所在_____。

十年后的我工作的场所周围环境_____。

十年后的我工作的场所周边人群_____。

请说明下列问题:

我在幻游过程中,印象最深刻的画面是_____。

我在幻游过程中,对比现在环境,最大不同处是_____。

我在进行幻游后感觉_____。

我认为我未来会从事_____职业。

3. **生涯规划**(15min)

【分享】 说说未来想从事这一职业的理由,并听听同学的意见。

【讨论】 在憧憬未来时,你都考虑了哪些因素?还应考虑哪些因素？

【小结】 根据学生在制订职业生涯规划时考虑到的问题，教师总结出影响制订职业生涯规划的几大因素（多媒体显示）：

① 当前的经济状况。

② 亲人和朋友的影响。

③ 社会环境、竞争环境对择业决策的影响。

④ 个人兴趣、志向对择业决策的影响。

⑤ 个人能力、体格、气质、性格、价值观对择业决策的影响。

设计个人职业生涯规划时应该遵守如下准则（多媒体显示）：

① 择己所爱。

② 择己所长。

③ 择己所利。

④ 择世所需。

通过前面的过程，你就能制订一个简单的职业生涯规划了。机会偏爱有准备的人，你做好了你的职业生涯规划，为未来的职业做出了准备，当然比没有做准备的人机会更多。

4. 职业体验（10min）

【活动规则】 不同的职业有不同的特点，现在让我们来表演不同职业的某一个工作场景，表达自己对职业的理解吧。

故事场景（一）：警察捉小偷。

一位女士下班回家，在小巷里被两小偷拦住，抢去包和首饰，刚好一名警察经过，勇斗歹徒，捉住小偷。

故事场景（二）：医生救治病人。

一重症病人在家属的陪同下去医院看病，医生和护士全力救助。

能够更好地了解自己的职业倾向，从而在专业选择和择业过程中进行有意识的选择，并在工作中扬长避短，最终在未来的职业生涯中获得最大的成功。

5. 布置作业（2min）

课后思考"我的规划"。① 未来我想从事的职业；② 实现这一目标可能的途径；③ 实现这一目标的步骤及方法。

链接1： 想想五年后的自己

一九七六年的冬天，我十九岁，在休斯敦太空总署的太空梭实验室里工作，同时也在总署旁边的休斯敦大学主修计算机课程。纵然学校、睡眠与工作，几乎占据了我一天二十四小时的全部，但只要有多余的一分钟，我总会把所有的精力放在我的音乐创作上。

我知道写歌词不是我的专长，所以在这段日子里，我处处寻找一位善写歌词的搭档，与我一起合作创作。我认识了一位朋友，她的名字叫凡内芮（Valerie Johnson）。自从二十多年前离开德州后，就再也没听过她的消息，但是她在我事业的起步时，给了我最大的鼓励。仅十九岁的凡内芮在德州的诗词比赛中，不知得过多少奖牌。她的作品总是让我爱不释手，当时我们的确合写了许多很好的作品，一直到今天，我仍然认为这些作品充满了特色与创意。

一个周末，凡内芮又热情地邀请我至她家的牧场烤肉。她的家族是德州有名的石油大亨，拥有庞大的牧场。她的家庭虽然极为富有，但她的穿着、所开的车以及她虔诚待人的态度，更让我加倍地打从心底佩服她。凡内芮知道我对音乐的执着。然而，面对那遥远的音乐界及整个美国陌生的唱片市场，我们一点办法都没有。此时，我们两个人坐在德州的乡下，我们不知道下一步该如何走。突然间，她冒出了一句话：

"Visualize, What you are doing in 5 years?（想象你五年后在做什么?）"

我愣了一下。

她转过身来，手指着我说："嘿！告诉我，你心目中'最希望'五年后的你在做什么，你那个时候的生活是一个什么样子？"我还来不及回答，她又抢着说："别急，你先仔细想想，完全想好，确定后再说出来。"我沉思了几分钟，开始告诉她："第一，五年后，我希望能有一张唱片在市场上，而这张唱片很受欢迎，可以得到许多人的肯定。第二，我住在一个有很多很多音乐的地方，能天天与一些世界一流的乐师一起工作。"

凡内芮说："你确定了吗？"

我慢慢稳稳地回答，而且拉了一个很长的Yessssssss！

凡内芮接着说:"好,既然你确定了,我们就把这个目标倒算回来。如果第五年,你有一张唱片在市场上,那么你的第四年一定要跟一家唱片公司签上合约。"

"那么你的第三年一定要有一个完整的作品,可以拿给很多很多的唱片公司听,对不对?"

"那么你的第二年,一定要有很棒的作品开始录音了。"

"那么你的第一年,就一定要把你所有要准备录音的作品全部编曲、排练就位。"

"那么你的第六个月,就要把那些没有完成的作品修改好,然后让你自己可以逐一筛选。"

"那么你的第一个月就要把目前这几首曲子完工。"

"那么你的第一个礼拜就要先列出一个清单,排出哪些曲子需要修改,哪些需要完工。"

"好了,我们现在不就已经知道你下个星期一要做什么了吗?"凡内芮笑着说。

"喔,对了。你还说你五年后,要生活在一个有很多音乐的地方,然后与许多一流的乐师一起忙着工作,对吗?"她急忙地补充说,"如果你的第五年已经与这些人一起工作,那么你的第四年照道理应该有你自己的一个工作室或录音室。那么你的第三年,可能是先跟这个圈子里的人在一起工作。那么你的第二年,应该不是住在德州,而是已经住在纽约或洛杉矶了。"

次年(一九七七年),我辞掉了令许多人羡慕的太空总署的工作,离开了休斯敦,搬到洛杉矶。

说也奇怪,不敢说是恰好五年,大约第六年,即一九八三年,我的唱片在亚洲开始畅销起来,我一天二十四小时几乎全都忙着与一些顶尖的音乐高手,日出日落地一起工作。

每当我在最困惑的时候,我都会静下心来问自己:五年后你"最希望"看到你自己在做什么?

如果你自己都不知道这个答案的话,你又如何要求别人为你做选择或开路呢?别忘了!在生命中,所有"选择"的权力已交在我们的手上了。

当你对你的生命经常问"为什么会这样?""为什么会那样?"的时候,你不妨试着问一下自己,你是否很"清清楚楚"地知道你自己要的是什么。

如果连你自己要的是什么都不知道的话,那么别人又如何帮你安排呢?不是吗?

而在你旁边的人,再怎么热心地为你敲锣打鼓,也顶多给一些慈悲的安慰。因为连你自己都还没有清楚地告诉他,你要的是什么,那么你又岂能无辜地怪别人没有为你开路呢?不是吗?

链接2: 6个"W"

① What are you? 你是什么样的人?这是自我分析过程。分析的内容包括个人的兴趣爱好、性格倾向、身体状况、教育背景、专长、过往经历和思维能力。这样对自己有一全面的了解。

② What do you want? 你想要什么?这是目标展望过程。包括职业目标、收入目标、学习目标、名望期望和成就感。特别要注意的是学习目标,只有不断确立学习目标,才能不被激烈的竞争淘汰,才能不断超越自我,登上更高的职业高峰。

③ What can you do? 你能做什么?自己专业技能何在?最好能学以致用,发挥自己的专长,在学习过程中积累与自己专业相关的知识与技能。

④ What can support you? 什么是你的职业支撑点?你具有哪些职业竞争能力以及各种资源和社会关系?个人、家庭、学校、社会的种种关系,也许都会影响你的职业选择。

⑤ What fit you most? 什么是最适合你的?行业和职位众多,哪个才是适合你的呢?选择最好的并不是合适的,选择合适的才是最好的。

⑥ What can you choose in the end? 最后你能够选择什么?

附录
团体心理辅导课程简介

团体辅导从英文group counseling翻译而来，也可译为团体咨询。它是通过团体内人际交互作用，促使个体在交往中通过观察、学习、体验，认识自我、探讨自我、接纳自我，调整、改善与他人的关系，学习新的态度与行为方式，以发展良好适应的助人过程。团体辅导的特色在于能培养人的信任感和归属感，由对团体的信任到信任周围的其他人，由对团体的归属感扩大到对学校、对社会及国家的认同感和归属感。

团体心理辅导课程主要包含必要预知、微笑问候、主题活动、间接告知、思考时间、典型分享、扼要小结、及时反思八个要素。

1. 必要预知。是指对学生本节课是否正常进行以及本节课需要提前准备和配合的内容的提前告知。需要提前准备的内容一定要求相关学生提前完成，对相关学生进行必要指导，让相关学生在提前准备中收获更多。

2. 微笑问候。是指课堂开始时的相互问候。相互问候是一个平等交流的开始，微笑则是互相欣赏和期待的表达，在这个短暂的过程中，教师和学生的交流就开始了，教师的微笑与问候将会给学生以积极的暗示，为后面与学生的互动做好铺垫，因此，该要素必不可少。

3. 主题活动。是为启发学生思考本节课主要内容而设计的由学生广泛参与的活动。在课堂中，学生的广泛参与不是单纯指更多数量上的学生的参与，而是指更多异质性学生的参与，这是因为课堂时间有限，可将学生分为不同班级组、不同性别、不同位置、不同学号、不同特征等。在保证这个要求的前提下，在活动时间预定范围内如果有更多的学生参与则更好。

4. 间接告知。是指对在团体心理辅导课堂上个别干扰课堂氛围的学生采取间接提醒告知的方式，启发他（她）认识到自己与团体的不一致，引导学生尽快投入团体辅导活动。

5. 思考时间。是指让学生独立地、安静地思考目前辅导内容的时间。这个时间更多是继扼要小结之后的时间。在整个课堂上，教师启发学生不断地进行思考，在启发性问题和教师作扼要小结之后，一定要给学生10秒左右或更多的安静的思考时间，让学生理清思绪，将课堂知识内化为自己新的认识。

6. 典型分享。无论怎样的课堂活动，对活动的体验都要在全班同学中进行必要的分享。在课堂时间有限的情况下，要做到分享内容不重复，教师在课堂活动中就要有意识地参与到团体中，尽可能地了解学生的想法，并及时发现有指导性、创新性感受的同学，请他们分享感受。这个过程，是思维碰撞的过程，更是社会学习的过程。

7. 扼要小结。是指团体心理辅导课上教师进行的简短、明确、深刻的随机小结和总结。在课堂上，教师要有意识地捕捉学生的各种反应，选择恰当的时间和语言进行小结。小结时，既要有面向大多数同学的语言，又要有面向个别同学的语言，因为这些同学往往是群体中更值得关注的。

8. 及时反思。心理健康教育课一般每周安排一节，教师和学生相互之间不太了解，而要有效地开展团体心理辅导课，教师必须持续掌握学生的状态。采取的办法是：在下课前3分钟由学生简要写出对此堂课最深刻的印象和感受，当堂交给教师，这样做既保证了全班的参与，又及时地了解了学生的状态，对个别参与度不高的学生的情况也有所掌握，在此基础上，教师进行授课反思。

将这八种要素应用在心理辅导课上，构成了心理健康教育课的授课模式。如此，学生在团体心理辅导课上的收获和感谢越来越多，班级中师生关系良好，班集体成长迅速。